Uređuje
Dragan Lakićević

Likovno oblikuje
Dobrilo M. Nikolić

znakovi pored puta

Milan Đorđević

MUMIJA

pesme

*Rad | Beograd
1990*

ROĐENI
POSLE POTOPA

ROĐENI POSLE POTOPA

Rođeni posle potopa,
što stareći menja
imena, maske, kostime.
Izigravamo imele,
utuke svakoje zlosti.
Igramo opalo lišće
granatog beljika,
stabla prošlosti.
Koliko još potopa
treba prebroditi?
Koliko još puta iskati
gutljaj izvorske vode?
Koliko plavetnila neba,
koliko gorskih očiju
treba još videti?
Koliko još obuće
na drumovima poderati,
koliko promeniti
košulja od koprive,
da bismo dospeli tamo,
gde se ogledala stapaju
s izvorima odraza,
kao reči sa stvarima,
kao senke s telima?

DVADESETI VEK

On je priča o kunićima,
narodima, gotski roman
o sleparima, batinašima,
o mrkim propovednicima,
što su nezreli žudeli
za mladim svetlostima
a drevnim su mrakovima
zastirali golotinju
selima i gradovima.
On je priča o žiškama,
što su letele do zenita
a padale u žitki zagrljaj
ilovačine sestre i brata,
poput večernjeg porfira
i zračenja crnog meseca
padale dublje od nadira.

PISCU ODA

Ljubljenom vođi sad pevaš ode
rečima trovača bilja i žive vode.

Za tebe nestaje mekota paperja,
septembar, blagost predvečerja.

Bukom ocrnjuješ čistoću tišine
kao dimom čednost snežne planine.

Nebo nad tobom gubi jasnu boju,
postaje plavet u tmurnom pokoju.

Slep si za sveže zelenilo četinara.
Suva ti usta ne ljube jezgru nara.

U bašti tvojoj tamnocrvena ruža
sahne i budi se kao sivi miš.

Iza tebe ostaje samo trag puža,
muzgavi sedef, samo krzavi pliš.

KROMPIR

U dubokoj grobnici ležao je,
blaženopočivši, faraon mrke boje.

Među svojima žalostive suze je lio
za čestitim blatom u kome se ispilio.

Ali evo ga na tanjiru oholog, obarenog,
peršunom krunisanog, maslacem pomazanog,

evo ga samotnog, kao od majke rođenog,
od gladi spasao je zatornika i pravednog.

Gle, vitki nož preseca ga napola,
gle, viljuška mu se u leđa zabola!

Ali, prijatelji, nemojte zato tugovati,
na svet krtola nemojte mračno gledati,

jer drugi spasitelji u vrećama klijaju,
da zvezdu-vodilju na vedrom nebu ugledaju.

DOBRO

Šta čini dobro? Šta radi?
Da li vrt bujni obrađuje
ili mistrijom kuću gradi?
Da li decu igračkom daruje?

Da li seje i rađa obilno?
Šta čini dobro? Šta radi?
Da li ustima sušnim umilno
prinosi mleko i toli gladi?

Ili noći u straženoj kuli,
sred beskraja dobra svoga,
sni dobrote, mogranje, huli,
tera nemani bezmerja zloga.

Ništa dobro ne radi, ne čini.
Masku mu skini, ogoli mu lice!
I tad će u smolastoj mračini
blesnuti zubi krvnika, zlice.

NE GREJE ME VAŠE RUJAVO SUNCE

Ne greje me vaše zlo, rujavo sunce.
Niti se videlo širi u smoli — tami.
Ne nazirem snežne, planinske vrhunce.
Ženika i crnika bela smrt ne mami.

Kao belutak u jezero zgaslih očiju
Padam u stoletni, olovno teški san,
Da mi se porfirno i bezbojno sliju,
Da mi se ponoćnim injem zatravi dan.

PRAG, 1984.

> Nigde u tebi čamim
> František Halas

U Pragu, sred Arkadije,
Karel M. negdašnji lutkar,
u ludnici, u Pragu, u jazbini,
na dnu, u strahu, trza se,
čeka, igra kao drvena lutka
na koncima onih u Zamku,
na pragu sveopšte ludnice.
Dobry den, jak se mate?
pitam ga u turobnoj Arkadiji,
pod liticama umornih kuća,
među ljudskim laticama,
pitam i trske koje misle,
tiskaju se, prepliću
na Vaclavskim namjestima.
A one, kreste crnih sveća
povijaju se na istočnjaku,
na studenom zapadnjaku,
da bi podigle pognute glave,
da bi vlažnim očima deteta
spazile prosjaj, kresnice,
možda zeleni roj, skakavce,
možda užas, spasenje iz tmine,
budućnost, Gorgonino lice
i obećane, zamamne obline.

MASLAČAK NA TRGU

Kad smo prašinu trga, u čast
njenog veličanstva, praznine,
kao čizme kudrave travnjake,
kad smo u podne, za pomrčine,
kao bujice novih svečanika,
izgrejao je žuti samotnik,
moj i tvoj brat u nevolji.
Slobodno je ispružio vrat,
pogledao levo, desno, gore,
zatvorio umorne žute oči,
jer dobro je znao, iščeznuće
zlatonosni, istočnjački despot,
oblak što se nad nama nadvio.
I biće kao kad posle grdnje
srditoga starca, vetruštine,
polegle trave dignu glavu,
zanjišu se, smelo zazelene.
Ali tebe i mene tada neće biti,
da budemo mladi goropadnici,
užarena lava i snežni plaz.
Ali tebe i mene tada neće biti.
Pokrivačem od jesenje vune
ogrnuće nas nežni sumrak,
iskonski knjaz o kome će ljudi
sa strahom vazda govoriti.

MATERNJI JEZIK

Iz njegovih dubina
prizivam imena bilja,
zverja, huk vodopada.
Zazivam utihu proplanka,
bujanje prolećnog obilja
i romor dažda što pada.
Lutao je morima, išao
do Vijena, Carigrada,
Rosija, Sentandreja.
Krio se pod imenima
Vuka, Petra, Dositeja.
Hodočastio je Atose,
topli pesak Sinaja
i sinji led Hiperboreja.
Kao vidar vaskrsavao
sred mračnih bežanija,
blagim pogledom
Belog anđela
štićen od nevidela
prinčeva ovog sveta.

PREOBRAŽAJ

PREOBRAŽAJ

Kada kradljivac vatre
među nas kao sneg,
so na goli hleb,
na crnu zemlju,
u prizemlju kućerine,
u postelji ruine
osvane kukavac,
zgrčen zeleni kukac.

PETLOVO BRDO

Na kraju ulice
koja se penje
na vrh ovog brda
leluja samotno pero.
Vetar ga baca
s kraja na kraj
petlove grobnice
što se popela
na vrh ovog brda
i s čežnjom
Beograd gleda.

LJILJAN

za Lj. G.

Zgnječeni
ljiljan
u tami
leži
na stolu
od orahovine
kao što
na zgužvanim
belim plahtama
spi
naga žena,
ostrovac
u moru,
Naga
bez ljubavi.

BELI GROB

Čaršav, celac,
pokrov, skrivač,
po njim cepti
krvnik, snivač.

LEDA U IZLOGU

Sred velikog izloga,
u najcrnjoj kutiji,
kraj ciklama, orhideja,
na krznu hermelina,
napuderisanih ramena,
obraza, oblina,
jagodica, kolena,
ispred začuđenih lica
zazjavala, prolaznica,
pod mlazom reflektora,
leži raširenih bedara,
leži kao jabuka gola,
mazno kao golemi reptil
proteže lenje udove,
oblizuje prst, nudi se
i drhti u maloj smrti,
jeguljasto drhti,
sve jače u slasti
grči lice, ječi,
zatiskuje mačje očice
kad u nju klizi labud,
majstor koji u postelji
ne izuva gojzerice.

VATRA, KAMEN, VODA, ČOVEK

Vatra je biljka,
što pupi, lista,
cveta i precveta,
biljnu pomamu
u pepelu smiri.

Kamen se kotrlja,
u potoku ostavlja
u pesak mrvljene
beličaste kosti.

Voda srebrnjake
srdito na bukovima
rasitnjava, kao pena
i para iščezava.

A čovek je krik.
Izjutra se javi,
u podne odjekuje,
u noći krv udavi.

VRANA VODA

Vrana voda njihov san,
bela voda njihova noć,
vrana voda njihov dan.

Plivaju iz crne vode
u belu vodu, iz noći u dan,
plivaju iz sna u san.

Jata bezglavih riba,
jata zjapećih utroba,
padaju kao mrest sa neba.

Pliskaju oni iz noći u dan,
iz bele vode u vranu vodu
u čeljust, naš riblji san.

MRTAV JEZIK

Ne pali se u njemu
biljna svetiljka,
kupinov žbun.
U njemu je vatra
plavetni led.
U njemu ne šume
krošnje jablanova
i ne buja
mračna trava.
On ne miriše
kao sveža metvica
ili stara vugava,
niti slap Plitvica
u njemu otresa
nevestinske halje.
Kroz njega
ne proleće
seoba vetrova
i ne trupkaju
krda zubrova.
On je ljuštura
prazne ostrige.
Počiva nadomak
svačije ruke
kao laki plen
za glagoljive
i naopake.

OTROVANI NEKTAR

OTROVANI NEKTAR

Kakva dosada u Beogradu,
u čvrsto zavezanoj bošči!
Reči pretvaram u kamen.
Gde je snežna lavina?
Gde kuljanje lave?
Gde kotrljanje pomorandže?
Gde ženska slast borovnice?
Okiva me večni led
vaših ceremonija.
Ali, vi mirno nastavite!
Spaljujte veštice!
Žigošite razdraganu telad!
Umirite poput Dunava
između svakodnevice,
otrovnog nektara
nedeljnih popodneva
i ždrela koje zjapi
kao dno slepe ulice!

GDE POSADIM PESAK

Gde posadim pesak
izrastu pustinje.
Gde bacim pršić
gusto nikne inje.
Svaki letnji osvit
ranjava mi oči
kao čelično sečivo
kore naranči.
Telo mi je zver
koja jede hleb
i pije vodu.
U telu su zatočene
boje što drhte, pate
i dišu poput pene.
U telu grimizi plamte,
ali nikakve tmine
ne mogu da ih ugase.
Slep, ljubim kožu
neveste, spajam se
u zemaljskom vrtu
sa svim što raste.
Idem širokom alejom,
kotrljam topli šljunak.
Pod plaštom bilja
smirujem se
kao žutocrni daždevnjak
posle obilja kiše.

ŽITIJE

Dotečem iz gospođe majke.
U jutro crnog ponedeljka.
Među radne trice i kučine.
Među rogove u vreći.
Oko mene borba silnika
raženoga hleba i sila mleka.
Kotrljam se, rastem, uštape,
moj noćni limune, kladem
kroz ljubičasto veče utorka.
U sredu već ljubim ženku.
U višnju. Sa njom izrodim
silnu decu, ustreptale ribe.
Pregazim ribnjak četvrtka.
Popijem plavetnilo petka.
Zagrizem crvenu azbuku subote.
Sričem tu slatku buku.
Legnem na snežnobele plahte,
u teške mirise lavande.
Spavam, preko kamena žuborim.
Nedelja je moja otadžbina.
Nedelja, moj Aheront!
Moja vatra i led!
Nedelja, moja nigdina!
Nedelja, san unedogled.

MUMIJA

Ja sam mumija.
Kao deverika
ispod leda
otvaram usta.
Bez krika
gledam
modro platno
na kome prska
užarena kugla
i sipa kapi
divljega meda.

UMORAN SAM

Umoran sam
od ponavljanja
utvarnih slika,
bezbojnih rečenica,
umoran od zagonetki,
od topota konjica
Huna, Tatara, Turaka,
umoran od igri maski,
parodija, vrebanja
gluvih školjki,
doušnika ničega,
umoran golub,
neotvoreno pismo,
golub dopršao
iz daljine,
doleteo
na dasku prozora.
Zato idem, idem
da obrađujem vrt.
U njemu da sklopim
otežala krila,
rubine da odmorim
od sijanja
i napeto slušam

kako vlataju
boje večnosti,
guste boje
zelene tišine
poprskane
mlečom svetlosti.

CRVENA LUNA

Izašao sam. Iz kuće.
Iz kuće, gde ne žive
ni zrele mednice,
ni punokrvni limuni,
ni belodlake kunice,
ni sunčeve trave.
Izašao sam u noć,
u ralje životinje
studenoga daha.
Izašao sam. Iz kuće.
Iz gnezda straha.
I dozvao te
da me plaha obliješ
tihim krvarenjem
tvoje žive rane.

PROČITAO SAM U KNJIZI

Pročitao sam
u staroj knjizi:
cvetanje je
žudnja za smrću,
dakle, neka vrsta
kukute ljubavi,
neka vrsta ode
zlokobnom pramaleću
i pokošenoj travi.
I tad sam shvatio
šta sam činio
svih ovih godina.
Tragao sam za smrću
jasnom kao tišina
u borovoj šumi,
kao zelena boja
u lišću zelenike.
Tražio sam je
danonoćno
na lepljivim oblinama
raspuklih plodova,
u opojnim mirisima
ženskih vrtova,
u tamnom sladostrašću
i kapljanju medljike.

Tražio sam je
u opijumima gradova,
u strahu od ujeda šarke,
u treperenju snegova.
A nada mnom
ponoćno sunce
grozničavo je tkalo
svoju tešku tkaninu
i nemoćno gledalo
kako najplemenitije:
purpur, safir,
šafran i krv
mlade pomorandže
pretvaram u sitninu,
krpe i blistave kapi
što mi na dlanu
u strahu isparavaju
put plavetnila
lazurita u svitanje,
put večernjih svila
u kojima se utapaju
izdisaji belila.

ULICA STRAHINJIĆA BANA

Snoćilo se, zgusnulo.
Koračam pod lipama.
Sanjiv, izgubljen.
U zelenim šuštanjima
izumiru svetiljke,
krupne kresnice.
Sanjiv sam, izgubljen.
Teško dišu krošnje,
vaskrsli herbarijumi.
Mirišu na med, juni,
svežinu košnje.
Kroz njih prolazi
šapat crnoga svata.
Koračam pod lipama.
Sanjiv, izgubljen.
Gredem, promičem
kraj zaprtih vrata.

ADA CIGANLIJA

Tu su se negda rastali fazani,
mitarili se krilati rođaci.
Tu su, kažu, jedni bili krvnici,
drugi žrtve, u tmuši, istoriji.
U tamaniteljki, pokretnoj tamnici.
Gusta šuma nevino se njihala,
pod ogrtačem od lišća čuvajući
opasne ptičje i riblje tajne.
Šuma je zaljubljeno u reci gledala
mreškave odraze obudovelih topola.
Tu sam više puta bežao od kuće,
bez Harona prelazio na drugu obalu,
sa vatrama došaptavao se, predveče.
A sada kao komadi slepoga mesa
na avgustovskom suncu, na betonu,
kao na ognjevima donjega sveta,
peku se bukoličari, kupači.
Peku se, u samozaborav tonu,
igrajući igre vesele apokalipse,
što već i zadnje tralje
sa njih nestrpljivo svlači.

LOVOR, LJULJ I RUDAČA

Čuvaj me od oholosti
čestitih pobednika!
Sačuvaj me od mrzosti
lovorom ovenčanih
nevinih osionika!
A njima daj snagu
da budu milostivi!
Učini da spaljeni
ljulj i rudača,
zelenim opsenjeni
opet zalelujaju,
makar u sećanjima,
makar u snovima,
makar na humkama
svih poraženih
u zimskim noćima.

RUŠE SE BELI HRAMOVI

U potocima bezbrižno se premeću beluci.
Kao sipki pesak u morima iščezavaju.
Košave i gornjaci rasprše vodene kapljice
sa listova javora, sa kestenovih plojki.
Nasmejani dečaci postaju mrzovoljni starci.
Ruše se beli hramovi, mrve se tvrde zidine.
Padaju zamkovi, velelepna zdanja, dvorci.
Pretvaraju se u mahovinaste razvaline.
Rastu gradovi, sneni i tromi Metuzalemi.
A ti, moja desna ruko, ti preda mnom
nečujno iščezavaš, dok te žalno gledam,
dok bludiš na stolu, već naborana
kao žuta kora davno ubranih jabuka.
I ti nestaješ, prkoseći ništitelju,
govoreći lakim pokretima prstiju,
vapeći toplim dodirima golog dlana,
dok u tebi damara jedina tajna,
purpurnocrvena nit, mezgra škrtog
i širokogrudog stabla života.

PESME

Ne odgonetate
zagonetke istorije,
klinasta pisma pobeda,
rune konačnih poraza.
Ne nalazite put spasenja.
Ne dajete odgovore
na Sfingina pitanja.
Ne veličate
čovekoljubive despote.
Ne laskate narodu,
ne izvodite ga
iz Sinajskih pustinja
tmurnih svakodnevica.
Ne premeštate brda,
ne pretvarate
bistru vodu u vino.
Ne vaskrsavate
uboge Lazare.
Ne pomažete
da uđem u Elizijum.
Već samo postojite,
prirodno, jednostavno.
Kao krzno proplanka,
kao gutljaji vode.
Na belinu hartije vejete.
Vejete, pauci krstaši,
moj crni sneg.

BLAGA SVETLOST

Vesni i Nebojši

Ne zborim da sakrijem opštu prazninu.
Nisam onemeo na slici mrtve prirode.
Sočnim rečima oplođujem suvu tišinu
ko mlade munje drevnu kolevku vode.

Svima što mrkli mrak zovu cikom zore,
što vedrinu rastaču gmizanjem kao crvi,
tajnoviti jezik pesme raskriva govore
i za sobom ostavlja trag žrtvene krvi.

O svemu sudiće oni što će za nama doći,
deca planinskog vazduha, zaboravu sklona
i nosiće u sebi naša jutra, podneva, noći
kao blagu svetlost od osvita do sutona.

NOĆ, SLUŠAM BAHA

Noć. Vetar šestari gradom.
Slušam Baha. Gusta je smola.
Tačan kao kruženje sokola.
Drveće širi šuštave halje.
Sleže ramenima. Kruna lipe
udara u prozore. Njena raskoš
volela bi da uđe pod krov.
Možda će grmljavina roditi
svežinu. Možda će na ulici,
blago, s ljubavlju, govoriti
pradrevnim jezikom kiše.
Možda ću ti preseći žuti dah,
žalosni limune na stolu,
u katranu avgustovske noći!
Da me ozaruješ mirisima
čempresa, lavande, algi,
da me nahraniš u suvoj samoći,
kao munja kad blesne očima,
kao kad se dojke, dve oble ribe,
zabelasaju u plavoj tami
akvarijuma, potonule sobe.

SUŠA

Isušuju zelenooko jezero,
jasno ogledalo u avgustu.
Sećam se, ljeskalo se nago,
čedno kao jutarnja paprat,
okruženo ćutljivim smrekama.
Guše mi žute i crvene boje.
Utišavaju pliskanje klenova.
Ne sanjam grimizne odaje.
Plovim po rukavcima ulica,
pratim mlečni trag uštapa.
Zamišljam da reskim krikom
razbijam prozore zgrada,
gde sobne biljke izumiru
pod smetovima prašine.
I vraćam se da gledam
bogato runo starca, vrta,
koje gladno sunce spaljuje
kao žitno polje i čisti lan,
što ga narikača oplakuje.

KIŠA

Pepeljastu kosu
po zemlji prosipa.
Sestru, mladu rosu,
budi u mahovini.
Luta sa munjama
i prinčevima visine.
Hrani maginje,
zrnje belije
i crnooke kupine.
Spušta se blistava
do tajnih odaja,
do korenja ispolina:
medunca i lužnjaka.
Pada lakokrila,
diže se u pramenju
mlečaste izmaglice.
Kao uplakana devojčica
u majčinom zagrljaju,
kao bela udovica
u večernjoj crnini
krije se često
pod plaštom crnice.
Živi u oblacima,
u spokoju mora,
u jezerskoj tišini.

Od njenih pljuskova
otežaju riznice vode
i goropadnije teku.
Slavite je, opevajte,
blagorodnu, blagoslovenu!
Ona je melem i levanica
za sušom ranjene biljke.
Ona je utešiteljica,
što nemuštim jezikom
krupnih kapi, na stazi,
u razjarenom avgustu,
bodri žedne piljke.

REKE

Ćudljivi mužjaci
i tankovijaste ženke
sramežljivo izviruju
ispod brdskog kamena.
Udaraju o kremen,
pa varnice vode pršte,
u vazduhu nestaju.
Na divovskim planinama,
radosne i radoznale,
zapljuskuju obale
kao igrive tekućice.
U dolinama, široke,
trome kao tmasto ulje,
preko rudinaste ravnice
mirno bosonoge putuju.
Od nepogoda uzavri
njihova plava krv.
Uplašena riblja jata
rasteraju im gradovi,
otrovima im nezahvalni
zlo za dobro vraćaju.
Razigrane pričaju
bajke na brzacima,
pevaju tihe uspavanke
u snenim virovima,

belim krilima lepeću
kada dotaknu zidove.
Ali ništa ih ne može
utamničiti, ućutkati.
Svoja umorna tela
spuštaju u crna mora
i s peskom se bratime,
misleći da ih ta smrt
jedina sigurno vodi
ka rečnom raju.

TRAVA

Ležim u njenom zelenom zagrljaju,
na gustim krznima bele vlasulje.
U svitanje na vlatima rosulje
kapi studeni trepere, blistaju.

Kroz talasanje klize joj vetrovi
i svitnu fosforasto gušterice
ko crnilom trag zvezde padalice
il runom busenjače vrtni puhovi.

Julske omorine biljnu krv osuše,
u žuto prometnu, travke iseku,
pa oborena usni u snopu mekuše,
mirisom otave moli se čoveku.

Zaziva ga iz osame, iz daljine.
A kad je bludni jezik takne crveno,
u zemlji skutri se prestravljeno,
ikri se u tim naborima tamnine.

Ne mogu je trnje, ni drač, ni kleka
skrivenu da zatrave, mržnjom oviju.
U mrkom ugaru, u žednom okeru čeka
da kiše je sokole, mlade, obliju.

Čeka sokovi da joj nabujaju,
da oprosti beslovesnim cipelama
i njihovim jalovim potplatama
što večno je gaze i ponižavaju.

SVICI U AVGUSTU

Na med mirišu svici, avgusta,
Na kamenom zidu u Vrisniku.
Oni su trag jutra u boriku,
Srčika stabla i smola gusta.

Znaš da čiste beline broda
Nema u plavom, na rubu noći
I da ti spasenje neće doći
Ko žednom crveno iz ploda.

U svicima je tma, zgrušana.
U njima je praminjanje dima
I ono neoskvrnjeno rečima:
Ozarenje — starozavetna mana.

TREŠNJE

Uzimam ih s belog tanjira.
Uzimam drhtavim prstima.
Jedem ih krvavocrvene
kao sočne moruzgve.
Jer kad njih jedem,
jedem žive boje juna,
gusti vazduh Košutnjaka,
jedem slatki strah
u susedovom dvorištu.
Jedem paučinasti sumrak,
ozvezdano nebo Beograda,
sve dok na čistom tanjiru
ne zazija bela pustinja.
Sve dok mi od njih krvavih,
detinje svežih, ne ostanu
samo pepeljave grudve,
nejasne mrlje sećanja,
samo dah na staklu prozora,
dah što hitro iščezava
kao paperje mraza,
meka tišina Pamira.

NAROVI, MANDARINE, POMORANDŽE

Što volim
kad mi se
otvore jarke,
sočne nutrine
plodova nara,
te Nojeve arke
juga, miline,
u kojima bdi
zrnje žara.
O, kako volim
kad mandarine
i pomorandže
poput damara
crveno prsnu
pod zubima
i kad mi čistom
slašću natope
usta i jezik,
ozarujući me
kao da sam noć
lednog severa.

KIŠOBRAN

Nosim te uza se,
šišmišu, zaštitniče!
Nosim te kraj osmeha
sićušnih satrapa.
I kada opet grdnja
pljusne kao kiša
katrana, kada opet
lov na veštice,
raširiću ti krila
i možda pod tobom,
kao pod plavim svodom,
moj krhki razume,
možda ću pod tobom,
raskriljena mašto,
možda ću na kraju
okusiti prve jagode
slatkoga ropstva,
zrele plodove
večeri slobode.

DOJKE

Kada raskopčam
tvoju punu košulju
iz nje meko skliznu
dva topla hleba,
dva bela obilja.
Zapalacaju malim
crvenim jezicima,
jagodice na prstima
nežno mi liznu.
Napune mi šake.
Svoje zažarene usne
malinaste boje
s mojim dlanovima
plahovito spoje.
I onda se opet
u dubini košulje
plašljivo sakriju.
Tamo belo gledaju,
u pomrčini ćute,
jer mi strahuju
da će na svetlosti
okopneti kao sušac,
sneg na prisoju.

VRTOVI

Postrojeni kao smrknute vojske,
potkresani, sa lokotom na ustima,
optočeni visokim kamenim zidovima,
duboko dišu zelenilom šimšira,
šumore ponosni potomci prašuma,
divljih mrčava Perućica, Amazona.
Grive im podrhtavaju dok sanjaju
bele inoroge gde piju studen jezera.
U njihovom snu lokvanji otvaraju oči
i lavovi, tigrovi i panteri leže
kraj nogu srna i spokojne jagnjadi
a jagode i grozdovi mirisnih biljki
spajaju se sa golim telima ljudi.
Iz tog sna vrtovi se bude skučeni,
slomljenih krila belokorastih jasika,
na javi zgaženi kao runo livada,
zelena prostirka, zastava poraza,
zeleno ništa, ništa, ništa grada.

BELEŠKA O PISCU

MILAN ĐORĐEVIĆ rođen 1954. godine u Beogradu.
Objavio je knjige pesama:
Sa obe strane kože, 1979.
Muva i druge pesme, 1986.

Fotografija
GORANKA MATIĆ

SADRŽAJ

ROĐENI POSLE POTOPA

Rođeni posle potopa 7
Dvadeseti vek 8
Piscu oda 9
Krompir 10
Dobro 11
Ne greje me vaše rujavo sunce 12
Prag, 1984. 13
Maslačak na trgu 14
Maternji jezik 15

PREOBRAŽAJ

Preobražaj 19
Petlovo brdo 20
Ljiljan 21
Beli grob 22
Leda u izlogu 23
Vatra, kamen, voda, čovek 24
Vrana voda 25
Mrtav jezik 26

OTROVANI NEKTAR

Otrovani nektar 29
Gde posadim pesak 30
Žitije 31

Mumija 32
Umoran sam 33
Crvena luna 35
Pročitao sam u knjizi 36
Ulica Strahinjića Bana 38
Ada Ciganlija 39
Lovor, ljulj i rudača 40
Ruše se beli hramovi 41
Pesme 42
Blaga svetlost 43
Noć, slušam Baha 44
Suša 45
Kiša 46
Reke 48
Trava 50
Svici u avgustu 52
Trešnje 53
Narovi, mandarine, pomorandže 54
Kišobran 55
Dojke 56
Vrtovi 57

BELEŠKA O PISCU 61

Izdavačko preduzeće
„RAD"
Beograd, Moše Pijade 12

*

Za izdavača
Milovan Vlahović

*

Recenzent
Dragan Lakićević

*

Lektor
Bojana Strunjaš

*

Tehnički urednik
Đuro Crnomarković

*

Korektor
Jovanka Simić

*

Grafička obrada teksta
Vesna Živković

*

Štampano
u 1.000 primeraka

*

Štampa
ČGP „DELO"
Ljubljana, Titova 35

CIP – Каталогизација у публикацији
Народна библиотека Србије, Београд

886.1/.2–1

ЂОРЂЕВИЋ, Милан

    Mumija : pesme / Milan Đorđević. – Beograd : Rad, 1990 (Ljubljana : ČGP Delo). – 64 str. : slika autora ; 20 cm. – (Znakovi pored puta)

Tiraž 1000. – Beleška o piscu: str. 61.

ISBN 86-09-00274-8

ISBN 86-09-00274-8

www.ingramcontent.com/pod-product-compliance
Lightning Source LLC
Chambersburg PA
CBHW071752040426
42446CB00012B/2527